Erich Dembicky • Zwolli, der Einmalige !

Erich Dembicky

Zwolli, der Einmalige!

Ein Juxbuch für Schmunzelbrüder
und Schmunzelschwestern

FOUQUÉ PUBLISHERS NEW YORK

Copyright ©2011 by Fouqué Publishers New York
Originally published as *Zwolli, der Einmalige !, 2009*
by August von Goethe Literaturverlag

First American Edition
Printed on acid-free paper

Library of Congress Cataloging-in-Publication Data
Dembicky, Erich
Zwolli, der Einmalige ! / Erich Dembicky
1st American ed.

ISBN 978-0-578-08552-4

neue, gekürzte Auflage
Onkel Erichs Tierleben, Band 1

Erich Dembicky

Zwolli, der Einmalige!

Ein Juxbuch für Schmunzel-Brüder und Schmunzel-Schwestern

Baden-Baden, 2008

Ich bin der tolle „Zwelefant",
werd' meistens „Zwolli" auch genannt,
und wollt Ihr meine Streiche seh'n,
so schlagt mal auf und blättert schön!

1. Teil

1. Der Zwelefant Zwolli – privat und auf Arbeit

Mein Name ist „Zwolli", in nebligen Stunden,
da bin ich von Erich Dembicky erfunden.
– Ich bin ein Phantom und hab' soviel erlebt,
weil Schicksal und Zeitgeist ohn' Unterlaß bebt.

Manches ist ernst und doch lustig verpackt,
manches gelogen und manches vertrackt.
Wer ernst bleiben will, dem muß man vergeben,
er ist dann selbst schuld an sein' freudlosen Leben.

Alle Ähnlichkeiten in Wort, Schrift, Person, Land und Volk sind
rein zufällig und keinesfalls beabsichtigt!

2. Zwolli mit Schnupfen

Der Zwelefant von Borneo
hat einen Rüssel vorneo,
doch hinten hat er, ei, ei, ei,
auch noch den Rüssel Nummer zwei!
– Und sollt' ihm links die Nase laufen,
so kann er doch mit rechts noch schnaufen!
– Und müßte er auch einmal niesen,
so weiß er nicht: Nimmt er jetzt diesen –
– er könnte auch den andern nehmen,
nur müßte er sich dann bequemen,
sich merken, welchen er benutzt,
wenn hinterher er Nase putzt!

3. Zwolli als Kanapee-Mops

Ein Rat für alle lieben Tanten:
Holt ja Euch keinen Zwelefanten
als Schoß-Genossen her in's Haus,
das geht bestimmt nicht harmlos aus!
– Denn schon beim Körbchen siehst du ein:
Ein Hundekörbchen ist zu klein,
da kannst Du Shop- und Shopping laufen,
Du kriegst kein Zwolli-Korb zu kaufen.
Und bei der Nahrung, lieber Himmel,
der Zwolli frißt ja nicht nur Krümmel!
Und wie ist's mit dem Pipi-Geh'n?
Bleibt da die alte Holztrepp' steh'n?
– Da kauf Dir lieber eine Maus,
die paßt bestimmt in jedes Haus!

4. Zwollis Halbmond-Episode

Ein Zwolli namens „Lohengrin",
flog einstmals bis zum Halbmond hin.
– Auch wenn man's nicht so ganz kann fassen,
er konnt' das Klauen halt nicht lassen!
– So stahl er Zauberer Habakuk
die Flugmaschine Flick-Flack-Fluck,
als dieser, mit gar heiß Verlangen,
zur Toilette war gegangen.
– Der Zwolli hatte nicht bedacht,
daß das nicht immer Freude macht.
Er flog davon, als wie geschossen,
und loslassen war ausgeschlossen!
Erst auf dem Halbmond fand er Ruh.
– Und was sagt Habakuk dazu?
Ja diesem kommt grad in den Sinn:
„Wo geht das Vieh bei Vollmond hin?"

5. Zwolli und der Saurus

Weil's Klauen doch so gut gegangen
bei Zwollis Mondflug-Unterfangen,
hat er zu Habakuk geschaut,
dabei die „Zeit-Maschin' geklaut!
– Kaum dreht er einen Hebel um,
war er im Mesozoikum.
– Und es beginnt mit einem Schrecken:
Ein Saurier kommt um die Ecken
und will sich gleich auf Zwolli stürzen,
um Zwollis Leben zu verkürzen!
– Doch dann beginnt das Vieh zu lachen,
so laut, daß alle Knochen krachen:
„Solch Unikum gab's hier noch nie!
Ein Bauch, zwei Köpf!"
So schrie das Vieh!
– Und das hat Zwolli Glück gebracht,
denn Saurus hat sich totgelacht!

6. Wer hat zwei linke Füße?

Der Zwolli war Hausbursch beim Wirt Josef Jutzen,
und mußte frühmorgens die Flurschuhe putzen.
Da standen sie immer: Zwei linke, zwei rechte –
– Doch heiliger Birnbaum, und Gott der Gerechte!
Ja, was war denn dies? Vor der Tür Doktor Frechter
da standen zwei linke, kein einziger rechter!
Der Zwolli, der stutzte – das kann doch nicht sein!
Und dann trat er leise ins Zimmer hinein.
Da lag er, der Doktor, und schnarchte ganz tief,
für Zwolli ein Zeichen, daß jener fest schlief.
Er lupfte die Decke – Ja, was war denn dies?
Der Mann hat ja tatsächlich zwei linke Füß'!

7. Wüstling Zwolli

Der Zwolli inseriert: Als Kran
packt er gern aushilfsweise an.
Er sucht solide Interessenten,
die sollten bald sich an ihn wenden.
– Als erstes rettet er Sieglinden:
Weil sie den Schlüssel nicht kann finden,
steht sie schon drei Tag' am Balkon,
und keiner nimmt Notiz davon!
– Doch dann beschwert sie sich ganz laut:
„Er hätt' ihr untern Rock geschaut!"
Der Zwolli war entsetzt davon,
und hebt zurück sie zum Balkon!
– Drum: Hast Du eine heikle Klage,
wart' lieber bis zum nächsten Tage!

8. Zwollis Glasscheiben-Attraktion

Beim Zirkus mit Rufnamen Enzio Renzi,
da war einst beschäftigt der Zwolli Mapenzi.
Und zur Attraktion sollt' es Zwolli gelingen,
die riesige Glasplatte jäh zu durchspringen.
– Und Zwolli, der springt – er rutscht aus – falsch geflitzt!
Da hat ihm das Glas seinen Bauch aufgeschlitzt!
Nun liegt Zwolli da, mit offenem Bauch –
Wo ist Doktor Flips? Und hilft er denn auch?
– Da hat Doktor Flips diesen Schnitt erst gerändelt,
dann mit Sicherheitsnadeln zusammengespendelt!
Er steht wieder da, in all seiner Pracht,
das hat Doktor Flips mit den Nadeln gemacht!
– Der Zwolli hat nie mehr an Glas sich versündigt
und hat auch bei Enzio Renzi gekündigt!

9. Papagei und Ei-Hei-Wei

Der CHINA-Zwolli Ei-Hei-Wei,
der hatte einen Papagei,
und dieser meinte sehr ergrimmt,
daß er nur für den Spaß bestimmt,
als Zwolli ihm, was er nicht sollte,
Trompeten-Stöße lehren wollte.
– Verschmitzt entfliegt der Papageier
fünf Kilometer weit zum Weiher.
Dort fängt er zu trompeten an,
weil er den Spaß nicht lassen kann.
– Der Zwolli hört's und freut sich dolly,
er meint, das war ein zweiter Zwolli,
ein Kumpel, richtig so zum Klönen!
Wenn man ihn nur wird finden können!
– Er sucht und sucht, vergebens doch,
ich glaub, er sucht ihn heute noch!

10. Zwollis Schwalben-Traum

Der Zwolli sah dem Papageier
gar neidvoll nach nach jener Feier,
beim Segelflug von Baum zu Baum
und meint: „Ich schaff das leider kaum!"
– Als ihn die Sinne jäh verließen,
begannen Flügel ihm zu sprießen,
er flog gleich eine Pirouette
mit Fink und Schwalbe um die Wette,
ja hoch hinauf zum Himmel ging's,
ganz herrlich war's, – dann allerdings,
viel höher kam er leider kaum,
er wachte auf – es war ein Traum!

11. Zwollis Job als Detektiv

Der Zwolli war einst Detektiv,
den man zu heiklen Sachen rief.
– So sollte er auch einstmals klären,
ob sich die Gattin kann beschweren,
daß ausgerechnet ihr Gemahl
'ne Rolle spielt im Sündenfall,
daß heimlich er ging neben-naus,
statt brav zu essen nur zu Haus.
– Und Zwolli legt sich auf die Lauer,
und ihm erscheint nach kurzer Dauer
bereits das ominöse Ding,
an dem der Gatte Feuer fing!
Ja und wer sagt's denn? Er wird fündig!
Dann war der Gatte also sündig!
– Schon meint er den Erfolg in Butter,
doch ach! S'war nur die Schwiegermutter!

12. Zwolli mit drei Rüsseln

Der Zwolli will wissen vor allen Dingen:
Was wird ihm die düstere Zukunft noch bringen?
Die Furcht und das Bangen bedrücken seinen Sinn,
drum ging er zu Nostra-Dadamus hin.
Als dieser dann meinte: „Ich sag's ohne Faxen,
es wird bald ein dritter Rüssel Dir wachsen!"
– Da war's um die Fassung von Zwolli gescheh'n:
„Ein weiterer Rüssel? Das wollen wir seh'n!"
– Seither ist er Dauergast bei Doktor Flips,
und der legt den Zwolli ganz rundum in Gips.
„Und das muß so bleiben, zwei Jahr, lieber Maxe, damit ja kein
dritter Rüssel Dir wachse!"

13. Der Fersensporn vom Matterhorn

Der Zwelefant vom Matterhorn
kann wegen seinem Fersensporn
nicht mehr die Felsen auffi kraxeln,
schuld dran sind seine kranken Haxeln.
Gern stiege er in Lift hinein,
doch da paßt er nun gar nicht rein!
Da bleibt nur noch der Luft-Transport,
und im Ballon fliegt Zwolli fort.

Au, au, er fliegt am Ziel vorbei,
bei Westwind geht's bis zur Türkei,
erst auf dem Berge Ararat
verlief die Landung halbwegs glatt.
Doch jetzt wird's richtig böhmisch –
er kann ja kein Armenisch!
Wie, Zwolli mit dem Fersensporn,
kommst Du zurück zum Matterhorn?

14. Zwolli tanzt nur noch Tango

Der Zwolli, der tanzte, und nicht nur ein wenig,
im Tscha-Tschi-Tchu-Tschatschatscha war er ein König!
Und spielt die Musik einen Rick-Rack- und Roll,
da tanzte er teuflisch, da tanzte er toll!
– Und grade beim Rolli, da ist es passiert,
daß er beim Verrenken die Gleiche verliert.
Kopfüber, kopfunter, die Beine empor!
Wo ist Doktor Flips? Ja, da kommt er schon vor!
Und mit seinem Werkzeug, mit großem Geschick,
da dreht er den Zwolli ganz langsam zurück.
– Er steht wieder da! Doch es war ihm ganz bango! Und seit dieser
Zeit, da tanzt er nur Tango!

35

Kaloderma

15. Zahnpflege gemäß AOK

Der Zwelefant vom Blauen Nil,
der hält vom Zähneputzen viel,
und wenn er schnüffelt Kaloderma,
da wird es ihm ums Herz gleich wärma!
– Da ruft er gleich den Doktor Flips,
den Affen mit dem meisten Grips,
und der muß putzen ritsche-ratsch –
– all' andre Therapie ist Quatsch!
Noch einmal her und einmal hin –
und fertig ist die Medizin!
– Nun mach kein störrisches Gesicht!
Mehr zahlt die AOK ja nicht!

<u>Notiz zu AOK</u>: Nicht was Sie denken,
das heißt „Afrikanische Orts-Krankenkasse!"

16. Das Unikum vom Supermarkt

Der Zwelefant vom Supermarkt
verursacht fast 'nen Herzinfarkt
dem neuen Boß, den's diebisch freute,
daß er den Zwolli kaufte heute.
– „Zwei Rüssel! Welch ein Prachtgetier!
Der schafft Akkord! Der schafft für vier!"
– Doch später dann, beim Mittags-Schmaus,
da packt den Boß der kalte Graus:
„Mich trifft der Schlag! Welch eine Gier!
Der frißt mich kahl! Der frißt für vier!"
– „Und dann", so meinte er recht leise, –
„erhöh'n wir einfach unsre Preise!"

18. Zwolli als Boß

Der Zwelefant vom Tal der Wupper,
der lebt als Unternehmer super!
Er spendet eine Million –
– den nächsten Auftrag hat er schon!
Doch leider kriegt sie Wind davon,
die böse Opposition.
– Der Zwolli schreit zum Eid empor:
„Bei mir kommt so was niemals vor!"
– Doch vor dem Ausschuß er verbessert:
„Das hätte er total vergessert!"

Panoptikum der Stadt Köln
Zwolli — 10 Jahre Haft

Unikum Zwolli

19. Zwolli von Köln

Der Zwelefant von der Stadt Köln
tut alles, was die Leute wöll'n.
– Ne Quittung für die Spende –
– das macht er sehr behende!
Dem Staatsanwalt kommt dies zu Ohren,
und er beginnt im Sumpf zu bohren,
und schließlich wird auch prozessiert,
was Zwolli himmelhoch verliert!
– Der Richter sieht den Sträfling an,
erst schmunzelt er und meint dann:
„Zur Strafe kommt das Unikum
zehn Jahre ins Panoptikum!"

20. Zwolli in der Sauna

Dem Zwelefanten der Stadt Bühl,
dem ist's im Sommer noch zu kühl,
drum tät er – wer kann's ihm verdenken –
die Schritte hin zur Sauna lenken.
– Doch welches Pech, oh jemineh,
er hat verlor'n sein Portemonnaie!
Jetzt hört mal her, was er erlebt,
wenn er ganz arm zur Sauna strebt:
Statt in dem Saunaraum zu schwitzen,
muß er zehn dicke Bäuch bespritzen!
„Denn sonst", meint Bad Boß Junior,
„kommt er mir nicht mehr durch mein Tor!"

21. Zwolli als Maurer-Xell

Der Zwolli war einst Maurer-Xell,
– Ach, alles ging dann viel zu schnell!
Denn das Gerüst, au-weia-wei,
brach unter Zwolli gleich entzwei.
Er stürzt in eine Badewann',
aus der er nicht mehr rauskrall'n kann.
Zu Hilfe kommt das Te-Ha-Weh,
und kommt zur spinnigen Idee:
„Weil's sonst zu viele Umständ' macht,
wird er zum Sperrmüll rausgebracht!"
– Sieh zu, mein Freund, wie Du das biegst,
dass Du auch heut' dein Taglohn kriegst!

22. Zwolli im Berliner Zoo

Der Zwolli geht auch nach Berlin
zur „Law-Parad'" so gerne hin.
Dort gibt es Knall-Figur'n zuhauf,
der Zwolli fällt dort gar nicht auf!
Und auch die Sprache, ach wie niedlich,
von Suaheli zwar verschiedlich,
hat er im Nu gelernt im Zoo,
wo gibt's denn so was anderswo!
– Nur die Elefanten, du lustiges Bissel,
die haben ja grad nur an' einzigen Rüssel!

Gasthof, Metzgerei
neute Elefantenschnitzel

23. Ein Schnitzel von Zwolli?

Der Zwolli hat riesiges Herzeleid:
Der Metzger war Wirt, und es wär an der Zeit,
den Zwolli zu schlachten, meint er, für die Gäste wär' so ein
Schnitzel vom Zwolli das Beste.
– Doch keiner der Gäste verspürt Appetit,
denn alle, sie fühlen mit Zwolli mit.
Nur einer, ein Witzbold, bestellt ungerührt:
„Ein Schnitzel, recht riesig, und sauber paniert!"
– Der Wirt, sehr enttäuscht, verzieht das Gesicht:
„Ein einziges Schnitzel!? – Das fasse ich nicht!
Wegen an einzigen Schnitzel, mein lieber Kumpan,
da schneid' ich doch nie meinen Zwollimann an!
Da sag' ich doch lieber: Geh' Zwolli, hau ab,
geh' scher Dich zum Teufel, beeil Dich, trapp-trapp!"

24. Drei Ölsardinen und Zwolli

Der Zwelefant der Stadt Venedig
war aller guten Geister ledig,
als er mit Schwung und prallen Wonnen
zur Gondel sprang mit seinen Tonnen.
– Die Gondel reagierte bös,
und sie zerbrach mit viel Getös'!
– Der Zwolli sank in feuchte Gruft,
nur seine Rüssel schnuppern Luft.
– Da staunt auch schon die Ölsardine:
„Seht, Kinder, Hermann und Hermine,
Zwei Schnorchel und vier Stempel, sieh doch!
Solch U-Boot gab's bei uns ja nie noch!"

25. Zwolli als Spritz-Apparat

Der Zwolli, der für Otmar Krauhse
erfunden hat die Dauer-Brause,
der hatte einen Geistesblitz:
„Zwei Rüssel hab ich im Besitz,
und das ist herrlich, denn mit ihnen,
da kann ich prächtig Geld verdienen!
Für einen Zehner und noch Dank,
bespritz ich Otmar stundenlang!"
– Er stellt sich schräg, und er probiert
den Geistesblitz, er jubiliert:
Rechts saugt er an, und links, da spritzt er,
fürwahr, er ist ein ganz Gewitzter!
– Er hat sich keinesfalls geirrt:
Die Wasserleitung funktioniert!

2. Teil

26. Vorwort

1. Der Zwolli ist eben ein Unikum,
kaum mach ich das Zwolli-Heft zu,
da meldet der Zwolli sich wiederum
und läßt meiner Hand keine Ruh'.

2. Er meint, es wäre nicht sachgerecht,
wenn ich ihn jetzo vergäße,
er fühle sich lange noch gar nicht schlecht,
und macht weiterhin seine Späße!

3. Was bleibt mir jetzt übrig? Der Zwolli schreit,
ich soll weiter sein Wirken verkünden.
Doch einmal, da endet die schrulligste Zeit,
drum laß ich zum Schluß ihn verschwinden!

27. Fußball mit dem Rüssel

Der Zwolli war vom Präsidanten
des Fußballklubs der Zwelefanten
im Sturm ganz vorne aufgestellt,
weil grad ein Mittelstürmer fehlt.
Man hofft, daß man mit seinen Füßen
sich kann den Torbefund versüßen.
– Und schon geht's los. Der Pfeifenmann,
der pfeift das Fußballderby an.
– Doch was passiert? Mit seinem Rüssel
spielt Zwolli „Fußball" so ein bissel.
Der Pfeifenmann bestraft das Team
gleich mit fünf Elfern! Und wie schlimm,
es trafen alle: „Fünf zu Null"!
Und Zwolli kriegt die Hucke vull!

28. Die Lok wird von Zwolli gestoppt

Der Zwolli war beim Bauern Zwirrn
zu pflücken Äpfel, Kirsch und Birn.
Und Zwirrn, der mußte mal zur Bahn,
er bindet Zwolli hinten an,
– Erst lief der Zwolli hinten gut,
doch dann erfaßt ihn wilde Wut,
er stemmt sich fest und zieht die Lok
zurück zum Bahnhof bis zum Bock.
– Der Bahnhofsvorstand staunt nicht schlechte:
„Die Lok ist hin, Gott der Gerechte!
Was nützt die Lok, wenn sie sich läßt
von Zwolli stoppen! Gift und Pest!"
– Und wütend wird sie ausrangiert,
dafür drei Zwollis engagiert!

Ha - Ha - Ha !

29. Das Tarnkappen-Malheur

Den Zwolli stört sein schütter Haar,
drum macht im Haarsalon er klar,
daß eine passende Perücke
verbessern würde Nachbars Blicke.
– Der rechte Zwolli jedoch meint,
daß das dem linken nur so scheint,
dies nütze gar nichts, er für sich,
wünscht eine Tarnkapp' für sein Ich.
– Gesagt, gekauft und aufgesetzt.
„Mein Gott!" ruft Zwolli links entsetzt,
„man sieht den Zwulli ja nicht mehr,
sein' Tarnkapp' ist jetzt mein Malheur!"
– „Jetzt bin ich nur ein halber Zwoll',
die Nachbarn lachen sich jetzt toll!"

30. Autofahrt nach Grinzing

Sie fuhren durch Wien,
und zwar nicht so ganz nüchtern,
vorn Zwolli, hint' Zwulli, mit müden Gesichtern.
Den Führerschein, einen für zwölfeinhalb Tonnen,
den hatten sie gestern im Lotto gewonnen.
Das Lenken war heute dem Zwolli zu dumm,
drum fuhr er gleich anfangs den Schutzmann glatt um.
Worauf unser Schutzmann, bitt' schön, wie gemein,
von Zwolli gleich holte den Führerschein ein.
„Und bitt' schön, jetzt noch tausend Schilling als Buß'."
Da irrt sich, wer glaubt, jetzt ging Zwolli zu Fuß!
„Wir zahl'n keinen Groschen! Wir ha'm noch 'nen Schein,
mit dem fahr'n wir lustig nach Grinzing hinein!"
– Zum Abschluß meint Zwolli: „Gelegentlich
sind meine zwei Köpf' doch sehr segentlich!"

31. Zwolli bläst Duett

Dem Zwelefant von Portugal,
dem war das Singen eine Qual,
drum wich er aufs Trompeten aus.
– Zuerst war das kein Ohrenschmaus,
doch mit der Zeit, so pöh a pöh,
ging's mit der Musi in die Höh',
bald spielt er auf im Festspiel-Tempel
und kriegt dafür manch' goldnen Bembel!
– Und der Direktor selber wollte,
daß Zwolli laut trompeten sollte,
denn jede Oper sollte wissen:
Den Zwolli kann kein Theater missen!
Was selbst bei Meister Jux nicht geht,
der Zwolli kann's: Er bläst „Duett"!

32. Schornsteinfeger Zwolli

Der Zwolli wollt', zum Nutz der Küche,
und auch zum Abzug der Gerüche,
den Stein des Schornes fix durchprusten,
so wie der Boß ihm's täte husten,
– Der Meister jedoch hat indessen des Zwollis Dämlichkeit verges-
sen,
und statt von unten aufwärts pusten,
tat Zwolli kraftvoll abwärts husten.
– Das Resultat war völlig dunkel!
Man sah nur noch das Zorn-Gefunkel
der Köchin Marmeladia:
„Du Bazi wart, Dich krieg ich aa!"
– Der Zwolli, der begann zu klagen:
„Ja mei, das muß man mir doch sagen!"
Jedoch der Meister meint zum Schluß:
„Das war Dein letzter Putz-Verdruß!"

33. Als Parlamentarier unabhängig?

Der Zwolli ging zur Politik,
um zu verbessern Volkes Glück.
– Als erstes sollte er entscheiden,
wer sollt regieren von den beiden.
– Das war fürwahr kein leichter Fall,
doch man erzählte überall,
daß der Karierte besser wär',
beim andern Mann gäb's ein Malheur.
– „Für mich ist's einzig der Karierte!"
Doch da, da kreischten Antiquierte
und machten ihm das Herze bang,
denn es war Fraktionen-Zwang!
– Drum merke: Nicht die Richtigkeit,
die Zahl regiert in unserer Zeit!

34. Zwollis Urlaub im „Kontienen-Tal"

Der Zwutschli, auch ein Zwelefant,
  macht seine Späße hier zu Land,
und, weil man's Ende März so will,
  schickt er den Zwolli in April!
„He, Kumpel, Du hockst dauernd hier!
Ich wüßt' für Dich ein Traum-Quartier!
Logis und Kost nur sechs Mark vierzig,
und Speis und Trank besonders würzig!
  Lauf hin zum Reisebüro „Jux",
  und dort bestellst Du einfach flugs
  im Gäste-Haus ‚Kontienen-Tal'
ein Kur-Quartier nach Deiner Wahl!"
  – Im Büro „Jux", da lacht man nur:
  „Das ist kein Tal und keine Kur,
kein Wirtshaus ist's mit Wasserklo,
  – ein Auto-Reifen heißt halt so!"

35. Zwolli, Schneck und Gockel

Ein Zwelefant mit Namen „Nockerl"
war ganz verliebt in's Hähnchen „Gockerl",
doch dieses wieder, ach oh Schreck,
war ganz verliebt in einen Schneck!
– Sie dachten hin, sie dachten her,
wie das Problem zu lösen wär'. –
– 'Ne Wohngemeinschaft muß man gründen!
Sie wollten auch den Pfarrer finden,
der seinen Segen dazu gäbe,
daß man zu dritt zusammenlebe.
– Es fand sich gegen Geld wohl einer,
doch Pfarrer war das sicher keiner!

ÉDOLO

36. Zwollis Gebirgsflug

Ein Zwolli namens „Leporello"
fährt manches Jahr nach Adamello,
um dort auf steilen Bergesrücken
sein Aug' und Herze zu entzücken.
– Und Zwolli meistert grad' den Pfad,
– doch Au! Er stolpert über'n Grat,
und saust hinunter in die Gruft,
mit beiden Köpfen durch die Luft!
Doch ist der Zwolli kaum verloren,
denn er hat vier Stück Segel-Ohren,
die spannt er auf und segelt so
hinunter bis nach Édolo!
Es spielt kei' Roll', daß er verkehrt
die Luft-Passage abwärts fährt,
denn hinten hat er, ei, ei, ei,
ja die Visage Nummer zwei!

37. Zwolli und die Pfeffer-Schüssel

Den Zwolli zieht's zu den Molukken.
– Ja mei, da wer'n die Leute gucken,
denn ein so ultra ulkiges Vieh,
das gab es sicher dort noch nie!
– Und der kleine Saddrudin
schleicht zu Zwollis Rüssel hin,
und er schiebt die Pfeffer-Schüssel
unserm Zwolli unter'n Rüssel.
– Der Erfolg war epochal!
Zwolli nieste zwanzigmal,
und durch Rückstoß flog die Tonne
auf die nächste Palmen-Krone!
– Jetzt hilft, mein Zwolli in der Höh',
doch höchstens noch das Te-Ha-Weh!

38. Quartett für Gott Poseidon

Der Zwelefant von Spanien
Wollt' 'rum nach Mauretanien.
Ein Einzel-Boot war viel zu eng,
da nahm er zwei, damit's geläng.
Zwei linke Füß' im linken Kahn,
zwei rechte in dem nebenan.
– Doch mitten auf dem großen Wasser
passiert ein Zwischenfall, ein krasser:
Denn zwischen beide Boote schob sich
der Gott Poseidon und erhob sich,
wollt' hör'n, doch nicht zu flagoletto
laut das Quartett aus „Rigoletto"!
– Ihr könnt Euch denken, wie das klang!
Man leidet dran ein Leben lang!
– Erst dann ließ er den Zwolli zieh'n
weit über's Meer zum Maghreb hin!

39. Peinlich für Zwolli

Der Zwi-Zwa-Zwolli aus Palermo
hat häufig Kollern im Gedärmo,
Und heut, wo er vom Präsidanten,
dem Sippenfürst der Zwelefanten,
zu einer Ehrung eingeladen,
da konnte Kollern doch nur schaden!
Und eben sagt der arme Düssel:
„Gnä' Frau, ich küsse Ihren Rüssel!"
Da ging das Kollern auch schon los!
Entsetzt fragt sie: „Wer macht das bloß?"
Da sagt auch schon der Präsidant:
„Ach Zwolli, das war nicht galant!"

WEINTROTTE FÜR
OBERUNTERMITTELBACH

40. Weintaufe durch Zwolli

Der Zwolli kam auf seiner Walz
durch's Rheinland und auch durch die Pfalz,
und lernte, wer kann's ihm verdenken,
den Saumagen, das Wein-Einschenken.
– Es war zur Zeit ein großes Rennen:
Wie sollt' den neuen Wein man nennen?
Man dachte hin, man dachte her,
zum Schluß, da wußt' man gar nichts mehr!
– Doch da tritt Zwolli auf den Plan
und zeigt, was so ein Zwolli kann!
Er springt ins Faß, mit Trauben voll
und stampft heiß und stampft toll,
und stampft, was das Zeug nur hält,
den besten Wein auf dieser Welt!
„Jetzt hast Du, – schreit er zu dem Tester –
den Zwolli-Wein und Zwolli-Trester!"

41. Zwollis Stummelfuß nach Alaun-Bad

Der Zwelefant von vis-a-vis,
der kannt' sich aus in der Chemie
und wußte, daß es mit Alaun
gelang, manch' Schwellung abzubauen.
– Und das paßt gut! Denn Zwollis Zeh
war angeschwollen und tat weh!
Und wie ein Klumpen war sein Fuß,
wie einst bei König Ödipus.
Drum taucht er ein in den Alaun
das kranke Bein mit Gottvertrau'n,
damit die Schwellungen vergeh'n,
– Um Gottes Will'n, was war gescheh'n?
Nachher war er die Schwellung los,
jedoch das Bein zwei Zoll nur groß!
Und Zwolli sieht jetzt ganz bestürzt,
daß der Alaun ja auch verkürzt!

42. Zwolli und die Schwarzwald-Torte

Dem Zwelefant' von Sansibar
war'n die Zusammenhänge klar:
Es war zu Ohren ihm gekommen,
daß Zwolli Urlaub hätt' genommen,
und wär' in Schwarzen Wald gereist,
wo's Spätzle gibt und Himbeergeist.
Jedoch der „Clou" zu dieser Sorte,
das war Kaffee mit Schwarzwald-Torte.
– Kein Wunder, daß er jetzo klagt
und dauernd nach der Torte fragt!
Doch langsam dämmert es ihm klar:
Die gibt's halt nicht in Sansibar!

43. Zwolli als Gemüsezüchter

Der Zwolli war einst auch Gemüsezüchter:
Tomaten, Kartoffeln, Spinat, –
war Jäter und sorgsamer Unkraut-Vernichter,
und schaffte von früh bis spät.
– Doch heiliger Birnbaum! Was muß er heut' seh'n?
Die Ernte war völlig vernichtet!
Die Wildsau, die konnte er grade noch seh'n,
die heut' hier ihr Unheil verrichtet!
Erbost hängt der Zwolli die Tafel hinaus:
„Hier ist jeder Zutritt verboten!"
Doch nächsten Tag sah es genau so wild aus,
die Wildsau, die wühlte nach Noten!
– Er fragte den Flips, und der meinte indessen:
„Die Wildsau, die kann Deine Schrift ja nicht lesen!"
– Da hat unser Zwolli entrüstet geklagt:
„Ja mei, warum hat mir das niemand gesagt?"

44. Zwolli als Sofa-Wanze

Zwolli auf dem Kanapee?
Das tut doch allen Federn weh!
Steh'n nachher auch paar Federn hoch,
dort wo er saß, da klafft ein Loch!
– Die gute Tante Molly-Molly
war sehr besorgt um ihren Zwolli
und ließ das Möbel im Vertrau'n
mit extra starken Federn bau'n.
– Die Folge war, daß unser Zwolli,
der Augenstern von Molly-Molly,
den Rücken hatte ganz verspannt,
den Bauch hingegen imposant!
– Und unserm Zwolli tat das weh,
er geht nicht mehr aufs Kanapee,
und Molly-Molly, diese Hehre,
weint dieserhalb so manche Zähre!

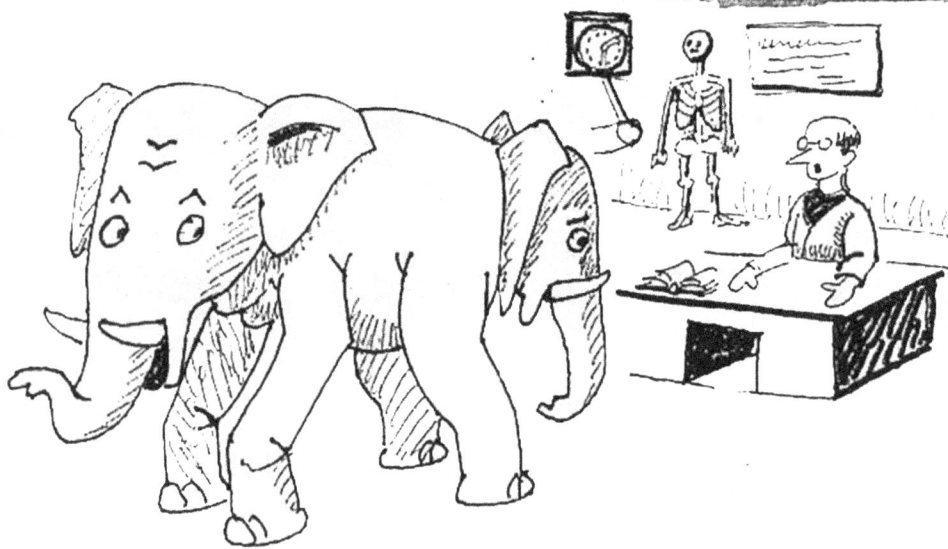

45. Ein „därmatologisches" Problem

Der Zwolli hat ein schweres Leben!
Das Kollern will sich halt nicht geben!
Es juckt und zuckt im Prachtgedärm
und macht gelegentlich auch Lärm.
– Er rennt zur „Därmatologie",
jedoch geholfen hat dies nie!
Denn dieser Doktor räumt gleich ein:
„Dies muß ein Schreibefehler sein,
mit Därmen hab' ich nichts zu tun,
ich bin bestimmt das falsche Huhn!"
– Belämmert schleicht der Zwolli fort
zu Hausarzt Flips. – Was hört er dort?
„Jetzt reicht's! Das ist mein letzter Gruß:
Nimm endlich zehn Schluck Rizinus!"

46. Ein Klon für hundert Bananen

Wer etwa meint, in Urwald-Zonen
wär' unbekannt das Kli-Kla-Klonen,
der hat sich kolossal geirrt,
denn hört mal her, was jüngst passiert:
Herr Flips verspricht zwei Sack Bananen
dem Zwolli, falls er sich ließ klonen.
Für diesen Dienst hat Doktor Begg
dem Flips geschenkt zehn Honigweck.
Gesagt, getan. – Der Zwolli ging
zur Klone-Klinik „Doppelding".
Doch dort drückt Doktor Siebenschlau
den falschen Knopf zum Körperbau !
Der Klon, der jetzo vor uns steht,
hat rechts den Kopf total verdreht!
Doch Doktor Begg ist froh gesprungen:
Ihm war 'ne Sensation gelungen!

47. Wo ist der Zielpunkt?

Der Zwelefant von Kamerun,
der wollt' was gegen's Bauchweh tun,
denn, wenn er fraß das nasse Heu,
war's seinem Bauch nicht einerleu,
und sein verwickeltes Gedärm,
das machte unablässig Lärm!
– Da spricht der Doktor Mlünaregg:
„Nimm ein Klistier, der Lärm geht weg!"
Doch liebe Leute, hört mal her,
die Therapie war ein Malheur!
Denn jetzt spricht Doktor Joost van Linthen:
„Ich müßt' halt erst den Zielpunkt finden!
Ich finde wirklich keinen Pünkt,
damit die Therapie gelüngt!"

48. Zwolli als „Herr Ober" im Columbia

Der Zwolli vom „Columbia"
war stets für seine Gäste da!
„Was ist denn heute angenehm?
Ein schwarzer Mokk? Ein Café crem?"
– Doch unter seinen vielen Gästen
gab's solche, die nicht grad' die besten!
So wollt' der schräge Mats Kallusche
von Zwolli heut' „ein Bier mit Dusche"!
(Der Himmel weiß, was das soll sein!)
Doch Zwolli, dem fiel gleich was ein!
Ein frisches Pils, mit weißer Haube
bringt er dem Matse, wie ich glaube,
doch auf den Tisch stellt er es nicht,
er zielt es Matse ins Gesicht!
Jetzt hat der Matse, was er wollte,
nur, daß es nicht so feucht sein sollte!

HÖRSAAL 7a
„Exoten"

49. Studiosus Zwolli

Den Zwolli zog's zur Wissenschaft,
er hofft schon lang auf Geisteskraft,
er schreibt sich ein in ZOOLOGIE,
will wissen, was er für ein Vieh.
– Doch auf der Uni von Schlauhausen
gab's wenig Geist, doch viel Banausen,
für die war's ganze Studium
ein Saufen um den Tag herum!
– Der Zwolli säuft, was er nur kann,
und tritt beschwipst zur Prüfung an.
– Doch bei den strengen Professoren
hat er von Anfang an verloren!
– „Ich wußte nicht, daß ich vertieft
das Studium hätt' soll'n betreiben,
ich dacht', ich werde nur geprüft
im frohen Salamander-Reiben!"

50. Zwollis Ende im Kohlenschacht

– Ach! Hätt' der Zwolli doch gehört!
Der Flips hat's tausendmal erklärt:
„Mein Zwolli, Du paßt da nicht rein,
denn dieses Loch ist viel zu klein!"
– Doch Zwolli wiegelt alles ab
und fährt zum Kohleschacht hinab!
Doch bald erkennt er mit Verdutz:
Hier gibt es keinen Kukuruz!
Sein Hunger, der wird immer größer,
aus Not wird er zum Kohle-Fresser!
– Durch eine Blitz-Mutation,
da wird nach sieben Tagen schon
aus ihm, dem Bomben-Vieh, oh Graus,
die mickerige Kohle-Maus!
– Dort lebt sie nun, seit Jahren schon,
bequem von Kohle-Subvention!
– Das Ende, das ist meistens schaurig,
in diesem Fall jedoch sehr traurig,
denn so verkam der liebe Zwolli
zum Leid von Flips und Molly-Molly!

Inhaltsverzeichnis

www.ingramcontent.com/pod-product-compliance
Lightning Source LLC
Chambersburg PA
CBHW051816040426
42446CB00007B/696